BEI GRIN MACHT SICH IHR WISSEN BEZAHLT

AF168157

- Wir veröffentlichen Ihre Hausarbeit,
  Bachelor- und Masterarbeit

- Ihr eigenes eBook und Buch -
  weltweit in allen wichtigen Shops

- Verdienen Sie an jedem Verkauf

Jetzt bei www.GRIN.com hochladen und kostenlos publizieren

Sebastian Löfgen

Virales Marketing. Mit Mundpropaganda statt Budget zum Erfolg

Die Marketingstrategie des 21. Jahrhunderts?

GRIN Verlag

Bibliografische Information der Deutschen Nationalbibliothek:

Die Deutsche Bibliothek verzeichnet diese Publikation in der Deutschen National-
bibliografie; detaillierte bibliografische Daten sind im Internet über http://dnb.d-
nb.de/ abrufbar.

Impressum:

Copyright © 2013 GRIN Verlag, Open Publishing GmbH
Druck und Bindung: Books on Demand GmbH, Norderstedt Germany
ISBN: 978-3-656-53089-3

Dieses Buch bei GRIN:

http://www.grin.com/de/e-book/214667/virales-marketing-mit-mundpropaganda-
statt-budget-zum-erfolg

GRIN - Your knowledge has value

Der GRIN Verlag publiziert seit 1998 wissenschaftliche Arbeiten von Studenten, Hochschullehrern und anderen Akademikern als eBook und gedrucktes Buch. Die Verlagswebsite www.grin.com ist die ideale Plattform zur Veröffentlichung von Hausarbeiten, Abschlussarbeiten, wissenschaftlichen Aufsätzen, Dissertationen und Fachbüchern.

Besuchen Sie uns im Internet:

http://www.grin.com/

http://www.facebook.com/grincom

http://www.twitter.com/grin_com

VIRALES MARKETING

MIT MUNDPROPAGANDA STATT BUDGET ZUM ERFOLG –
DIE MARKETINGSTRATEGIE DES 21. JAHRHUNDERTS?

Sebastian Löfgen

Dankeswort

Bedanken möchte ich, der Autor dieser Endarbeit, mich ganz herzlich bei:

Nicole Sonnet, die mich bei der Erstellung dieser Endarbeit begleitet und unterstützt, Verbesserungsvorschläge unterbreitet und ihre Erfahrung eingebracht hat, Thomas Zorbach, der mir auf verschiedenste Nachfragen per Mail stets in kürzester Zeit geantwortet hat, Aline Dederichs und Annemie Johanns, die die vorliegende Arbeit grammatikalisch und auf Rechtschreibfehler überprüft haben sowie der Mediathek des Bischöflichen Instituts Büllingen für die Bereitstellung von Recherchematerial .

Inhaltsverzeichnis

Einleitung

Seit einigen Jahren zeichnet sich im Marketingwesen eine klare Tendenz ab: Ein Großteil der Verbraucher ist übersättigt von Werbung jedweder Art,[1] dazu hat nicht zuletzt der gesteigerte Medienkonsum und die Entwicklung neuer Medien (Internet, Smartphone, soziale Netzwerke) beigetragen. Er vergisst und verdrängt die Werbebotschaft prinzipiell. Es bedarf also neuer Marketingstrategien, um die Verbraucher zu erreichen. Eine Marketingmethode hat sich dabei in den letzten Jahren als eine der wirkungsvollsten herauskristallisiert: das Viral Marketing.

Mich hat dieses neue Marketinginstrument fasziniert, und ich fragte mich, wie ein als Werbung konzipiertes Medium freiwillig von den Nutzern geteilt und so eine riesige Verbreitung erhalten kann. Außerdem gehört es zum Bereich der Wirtschaftswissenschaften, weshalb es meiner Meinung nach einen adäquaten Abschluss meiner Sekundarschulzeit darstellt. Mir war ebenfalls wichtig, ein aktuelles und zeitgenössisches Thema als Endarbeit zu behandeln. All diese Faktoren haben mich letztendlich die Entscheidung treffen lassen, Viral Marketing zum Thema meiner Endarbeit zu machen.

Auf den folgenden Seiten wird erst eine Definition von Viral Marketing gegeben, anschließend werden Charakteristika aufgezählt und die Geschichte erläutert, bevor Ziele und Faktoren einer erfolgreichen viralen Marketingkampagne genannt werden. Danach wird erläutert, inwiefern sich Viral Marketing als Marketingstrategie im „World Wide Web" eignet, bevor konkrete Beispiele aufgezählt und diese einer Merkmalanalyse unterzogen werden. Nachdem Chancen und Risiken einer sich viral ausbreitenden Kampagne aufgezählt und gegenübergestellt wurden, folgt eine kurze Schlussfolgerung.

---

[1] vgl. OZOD-HAMAD, Mariam: *Virales Marketing – Gefahrenquelle oder Erfolgspotential?:* S. 19.

1 Begriffsbestimmung und -entstehung

1.1 Definition

In der kontemporären Literatur existieren zahlreiche, jedoch wenig einheitliche Ansätze zum Thema „Virales Marketing". Diese Zwiespältigkeit beginnt schon bei der Begriffsbestimmung. Von *virales Marketing* über *Virusmarketing, Viral Marketing, Organic Marketing, Propagation* bis hin zu *Aggregation Marketing* - all diese Begriffe beschreiben dieselbe Form von Marketing.[2] Im Folgenden werden der besseren Lesbarkeit halber die Begriffe „virales Marketing" und „Viral Marketing" verwendet. Die vom Wirtschaftswissenschaftler Sascha Langner in seinem mit guten Kritiken[3] bedachten Buch „Viral Marketing" benutzte Definition ist eine sehr treffende, oft zitierte und äußerst prägnante:

> *„Viral Marketing beschreibt das gezielte Auslösen von Mundpropaganda zum Zweck der Vermarktung von Unternehmen und deren Leistungen."*[4]

Virales Marketing basiert demnach auf dem Prinzip der Mundpropaganda (englisch Word-of-Mouth). Dieses Marketinginstrument ist kein neuzeitliches, profitieren KMU doch recht schnell von einem positiven Image, das von den Kunden per Weiterempfehlung generiert wird und so potentielle Neukunden für das Unternehmen anlockt. Virales Marketing geht allerdings einen Schritt weiter, möchte, dass sich der Kunde mit dem Unternehmen, bewusst oder unbewusst, auseinandersetzt und, im bestmöglichen Fall, die Ideen und Werbebotschaften der Firma weitererzählt und verbreitet.

Der Term „viral" ist der Medizin entnommen. Ähnlich wie ein Virus soll die Botschaft, die das Unternehmen zu streuen versucht, bestenfalls sowohl online als auch im echten Leben weitererzählt und somit epidemisch verbreitet werden.[5] Die Werbebotschaft „infiziert" neue Nutzer, die diese wiederum teilen und so weiter streuen.[6]

---

[2] vgl. PROF. DR. KOLLMANN, Tobias (u.a.): „Viral Marketing." (online).
[3] vgl. AUTOR UNBEKANNT: „Rezensionen, Buchtipps und Leserstimmen." (online).
[4] LANGNER, Sascha: *Viral Marketing*: S. 27.
[5] vgl. SCHWARZ, Torsten (u.a.): *Leitfaden Integrierte Kommunikation*: S. 218.
[6] vgl. RECKLIES, Dagmar: „Viral-Marketing." (online).

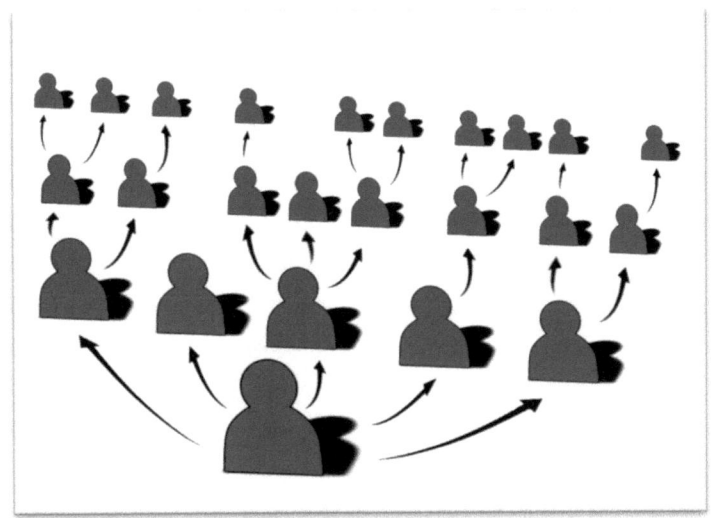

Abb. 1: Prinzip der Mundpropaganda, welches sich virales Marketing zu Nutze macht

Die Kunst besteht darin, diesen Prozess kontrolliert ablaufen zu lassen - Der Kunde soll also nur Positives vom Unternehmen berichten und letzteres regeln können, was der Kunde weiterzählt. Da dies aber nahezu unmöglich ist, bergen Viral Marketing-Kampagnen auch immer ein Risiko und können Probleme mit sich führen, auf die später eingegangen werden wird.

1.2 Abgrenzung des Begriffs

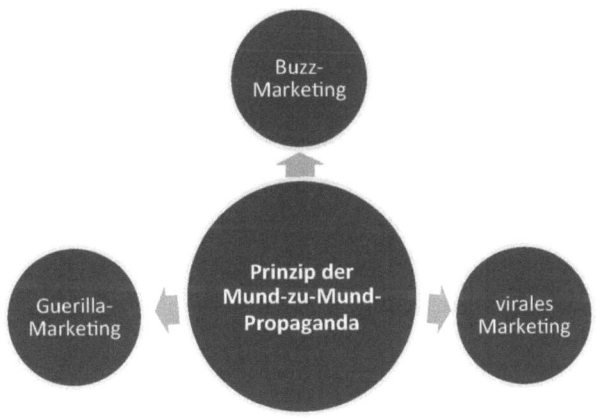

Abb. 2: Marketingstrategien, die auf Mundpropaganda basieren

1.2.1 Mundpropaganda- / Word-of-Mouth Marketing

Die Mund-zu-Mund-Propaganda oder Mundpropaganda, englisch „Word-of-Mouth Marketing", gilt als älteste Form des Marketings und wird als eine sehr effektive angesehen. Mundpropaganda ist generell kostenfrei, da sie von selbst abläuft. Als Mund-zu-Mund Propaganda bezeichnet man die unkontrollierte Informationsweiterleitung zwischen zwei oder mehreren Individuen, wobei, bewusst oder unbewusst, über etwas Erstaunliches, Spannendes oder Bemerkenswertes berichtet wird.[7]

Mundpropaganda kann als Grundlage und Basis von aktuellen Marketingformen wie Viral Marketing oder Buzz-Marketing verstanden werden. Mundpropaganda wird dann zur Marketingstrategie, wenn sie gezielt ausgelöst wird, um gewinnbringend zu wirken.[8] So kann die einfache Botschaft „Empfehlen sie uns weiter, falls es Ihnen geschmeckt hat!" auf der Restaurantquittung bereits Mundpropaganda auslösen.

Es gibt drei maßgebliche Gründe für die steigende Bedeutung der Mundpropaganda im Marketing:[9]

- **Informationsüberflutung:** Eine werktägliche Ausgabe der New York Times enthält heute mehr Informationen als ein durchschnittlicher Mensch im 17. Jahrhundert in England während seines ganzen Lebens aufnahm. Allein diese Beobachtung zeigt die Flut an Informationen, die heute auf einen Menschen zukommen. Aus Selbstschutz vor jener Überflutung sortiert der Verbraucher aus dieser Fülle an Informationen die wichtigsten oder interessantesten aus, er filtert sie. Empfehlungen von Freunden werden immer wichtiger, denn sie werden, auch aufgrund der Masse an Informationen, immer höher geschätzt.[10]

- **Skepsis:** Den Konsumenten zu überzeugen wird heutzutage immer schwieriger. Den Versprechungen vieler Unternehmen wird kaum noch Glaubwürdigkeit geschenkt, beispielsweise trauen nur 16 Prozent den Werbeversprechen von Versicherungsunternehmen. Die persönliche Empfehlung und Erfahrung wird als vertrauenswürdiger eingeschätzt.[11]

---

[7] vgl. Leonardi, Jean-Manuel: *Viral Marketing im E-Business*: S. 27.
[8] vgl. Langner, Sascha: *Viral Marketing*: S. 24.
[9] vgl. Hermann, Frederik: Virales Marketing: S. 46.
[10] vgl. ebd.
[11] vgl. ebd.

- **Vernetzung:** Wachsende Kommunikationsmöglichkeiten sorgen dafür, dass die steigende Vernetzung wichtigstes Element für die zunehmende Bedeutung von Mundpropaganda wird. Digitale Medien und vor allem das Internet bieten gänzlich neue Möglichkeiten Informationen, Wissen und Erfahrungen zu teilen und zu verbreiten.[12]

1.2.2 Buzz-Marketing

Das Buzz-Marketing (to buzz: englisch für schwimmen, surren) gilt wie Viral Marketing als wesentliches Element des Empfehlungsmarketings und basiert ebenfalls auf dem Prinzip der Mundpropaganda. Ziel ist es, das Interesse an einem neuen Produkt oder einer neuen Marke schon vor dessen Launch zu erwecken. Wichtige Faktoren, die zum Erfolg einer solchen Kampagne beitragen, sind Glaubwürdigkeit und Authentizität.[13]

Konkret läuft eine derartige Kampagne meist wie folgt ab: So genannte „Buzz-Agents", entweder ausgesuchte, „normale" Menschen oder auch Prominente, sprechen mit ihren Freunden, Verwandten und Bekannten über das Produkt, das beworben werden soll. Dies soll aber nicht als geplant erscheinen, weshalb ungezwungene, natürliche Alltagssituationen ideal für solche „spontanen" Gespräche sind. Die Produkte werden den Lockvögeln während des Zeitraums der Bewerbung kostenlos gestellt. Anders als aber beispielsweise bei den Tupperware-Partie soll nichts verkauft werden, die potentiellen Kunden sollen sich nur für das Produkt begeistern lassen. Neben den persönlichen Einzelgesprächen sollen die Werbenden das Produkt auch in Mails, auf ihren Blogs, in Internetforen oder in sozialen Netzwerken propagieren. Die Lockvögel werden nach soziodemografischen und psychografischen Faktoren ausgesucht und arbeiten in der Regel unentgeltlich. Meist jedoch werden solche Kampagnen durch Agenturen ausgeführt.[14]

Es gibt grundlegende Unterschiede zu einer viralen Marketingkampagne: Beim Viral Marketing ist die Möglichkeit des Unternehmens, Einfluss auf die Anzahl und den Typ der Empfehlungen zu nehmen, geringer. Des Weiteren sind für das Viral Marketing vor allen Dingen „Gelegenheitsempfehlungen" bedeutend, also Empfehlungen die situativ und binnen kurzem ausgesprochen werden, während beim Buzz-Marketing Marken und Produkte bewusst propagiert werden. Außerdem erfolgt beim Viral Marketing eine

---

[12] vgl. HERMANN, Frederik: Virales Marketing: S. 46.
[13] vgl. SCHARF, Andreas (u.a.): *Marketing*: S. 393.
[14] vgl. SCHARF, Andreas (u.a.): *Marketing*: S. 393.

geringe individuelle Auseinandersetzung mit dem Empfehlungsobjekt - beim Buzz-Marketing ist diese höher.[15]

Als Musterbeispiel für eine erfolgreiche Buzz-Marketingkampagne kann eine Aktion des Mobilfunkanbieters „Simyo" genannt werden, der 2006 über das Internetportal „Trnd" 250 Produkttester rekrutierte und ihnen den Auftrag gab, die Simyo-Karte zu testen, Erfahrungsberichte zu schreiben sowie Verbesserungsvorschläge zum Markenauftritt zu nennen.[16] Zusätzlich wurden 20 Blogger beauftragt, über das Produkt zu schreiben, um weitere Schneeballeffekte erzielen zu können. Die Aktion wurde ein voller Erfolg: Eine abschließende Umfrage ergab, dass 96% der Teilnehmer Spaß an dem Projekt hatten - ein wichtiger Punkt für eine erfolgreiche Buzz-Marketingkampagne - und 157 der 250 Projektteilnehmer (über 60 Prozent) blieben Kunden von Simyo nach Projektende.[17]

1.2.3 Guerillamarketing

Um Viral Marketing mit Guerillamarketing vergleichen zu können, muss erst definiert werden, worum es sich bei letzterem handelt. Anders als beim Viral Marketing, existieren einige allgemeingültige Definitionen. So besteht die Kunst beim Guerillamarketing darin, „den von Werbung übersättigten Konsumenten, größtmögliche Aufmerksamkeit durch unkonventionelles bzw. originelles Marketing zu entlocken. Dazu ist es notwendig, dass sich der Guerilla-Marketer möglichst (aber nicht zwingend) außerhalb der klassischen Werbekanäle und Marketing-Traditionen bewegt."[18] Mit anderen Worten: Wie kann ich meine Werbebotschaft so verpacken, dass der Konsument, der im Prinzip von der klassischen Werbung übersättigt ist, sich doch für selbige interessiert?[19] Ziel ist also, erst die Aufmerksamkeit der Menschen sowie im Idealfall auch der Presse zu erregen und erst darauffolgend als Werbemittel zu fungieren. Die Werbeaktion soll bestenfalls gar nicht als solche wahrgenommen werden.[20]

Die grundlegenden Unterschiede zwischen Viral- und Guerillamarketing sind folgende: Virales Marketing wirkt globaler, da die Kampagnen meist im Internet lanciert werden.[21] Außerdem bezieht sich Guerilla-Marketing häufig auf zeitlich und lokal begrenzte Aktionen (oft in Form von Street-Marketing), während virales Marketing hauptsächlich

---

[15] vgl. LANGNER, Sascha: *Viral Marketing*: S. 30.
[16] vgl. BIALEK, Catrin: „Mundpropaganda auf Bestellung." (online).
[17] vgl. KREUTZER, Ralf T.: *Praxisorientiertes Dialog-Marketing*: S. 270f.
[18] BREITENBACH, Patrick (u.a.): „Guerilla Marketing." (online).
[19] vgl. OETTING, Martin: „Achtung Polemik: Unterschied Guerilla-Marketing und Viral Marketing." (online).
[20] vgl. HERMANN, Frederik : „Virales Marketing." (online).
[21] vgl. OSUSKY, Linda: „Guerilla- und Virales Marketing fassen Fuß." (online).

online den Anstoß zur Mund-zu-Mund Propaganda in einem langfristigen Rahmen geben möchte.[22] Allerdings haben beide Strategien gemein, dass sie auf dem Prinzip der Mundpropaganda basieren[23] und bei beiden gilt der Grundsatz: Idee und Kreativität statt Budget.[24] Des Weiteren ist sowohl bei Viral Marketing als auch bei Guerilla-Marketing eine Steuerung nur schwer möglich und die Reaktion der Konsumenten kann nur abgewogen werden.[25] Teilweise verlaufen die Grenzen zwischen Viral- und Guerillamarketing also fließend, eine klare Abgrenzung fällt in manchen Fällen schwer.

Ein gutes Beispiel für eine gelungene Guerilla-Marketingkampagne: Der englische Nagellackproduzent „Rimmel" platzierte auf einer stark frequentierten Londoner Einkaufsstraße einen Nagellackbehälter, der in der Luft zu schweben schien und dessen Inhalt auf den Boden lief - Diese Aktion hat für viel Aufmerksamkeit gesorgt, die Menschen blieben fasziniert stehen und schauten sich das Gebilde an. Das Unternehmen erreichte, wovon jede Marketingabteilung einer Firma träumt: Die Menschen beschäftigten sich mit der Marke, erzählten ihren Freunden von der Aktion und identifizierten sich mit dem Unternehmen. Diese Aktion vertritt die typischen Guerilla Marketing-Merkmale: Sie bringt die Menschen zum Staunen, unterhält, ist vergleichsweise kostengünstig und es wurde eine hohe Kreativität bei der Initiierung an den Tag gelegt.

Abb. 3: Guerilla-Marketing von "Rimmel" in London.

---

[22] vgl. HERMANN, Frederik : „Virales Marketing." (online).
[23] vgl. OSUSKY, Linda: „Guerilla- und Virales Marketing fassen Fuß." (online).
[24] vgl. HERMANN, Frederik : „Virales Marketing." (online).
[25] vgl. KUTZBORSKI, Regina: Guerilla Marketing und Virales Marketing: S. 68.

1.3 Formen des viralen Marketings & Charakteristika

1.3.1 Formen von viralen Marketingkampagnen

Man unterscheidet verschiedene Arten des viralen Marketings, die sich nach Aktivität und Zutun des Verbreiters richten.

Klassifizierung nach Aktivität des Verbreiters

- *Passives/reibungsloses virales Marketing*

  Bei dieser Form von Viral Marketing leitet der Nutzer die Werbebotschaft allein durch die Nutzung eines Produktes weiter. Berühmtes Beispiel ist der kostenlose E-Mail Anbieter Hotmail[26], der durch die Zeilen „Get your private, free e-mail at http://www.hotmail.com" am Ende jeder versandten Mail jene Werbebotschaft automatisch weiterverbreitete - der Nutzer musste mit dem Senden der Mail auch mit dem Versand der Werbung einverstanden sein.[27]

- *Aktives virales Marketing*

  Bei dieser Art des viralen Marketings muss der Verbreiter selbst aktiv werden, damit die Botschaft verbreitet wird. Als Beispiel können hier alle viralen Youtube-Videos gelten, die ihre hohe Zahl an Aufrufen nur der aktiven Weiterleitung durch ihre Nutzer verdanken.[28]

Klassifizierung nach Umfang der Marketingfunktionen

- *Werbungsorientierter Ansatz*

  Hier liegt der Schwerpunkt auf der Kommunikationspolitik. Im Mittelpunkt steht eine hohe Verbreitung der Werbebotschaft. Hauptziele sind Bekanntheitsgradsteigerung oder Markenprägung.[29] Das Unternehmen „Blendtec", welches Standmixer herstellt, perfektionierte diesen Ansatz ab 2006 durch Videos auf Youtube. In diesen wurden iPhones, Golfbälle oder Murmeln gemixt - die Videos generierten Millionen an Klicks.[30] Mit einem Budget von 50$ wurde in nur 2 Jahren eine Umsatzsteigerung von 700 Prozent erreicht.[31]

---

[26] vgl. SKROB, John-Robert: „Viral Marketing." (online).
[27] vgl. EGLI, Norman: *Virales Marketing - Ohne Geld und mit Mundpropaganda zum Erfolg*: S. 26.
[28] vgl. EGLI, Norman: *Virales Marketing - Ohne Geld und mit Mundpropaganda zum Erfolg*: S. 27.
[29] vgl. DÜWEKE, Esther (u.a.): *Erfolgreiche Websites*: S. 222.
[30] vgl. EUGSTER, Jörg: „Blendtec." (online).
[31] vgl. Michel, Stefan: Marketingkonzept: S. 183

- *Ganzheitlich orientierter Ansatz*

  Bei dieser Form wird nicht nur auf die kommunikationspolitischen Instrumente zurückgegriffen, sondern virales Marketing wird hier auch als Werkzeug der Marktforschung, Preisfindung oder Produktgestaltung genutzt. Musterbeispiel für diese Art des Viral Marketings ist der Bierhersteller „Blowfly", der in einer Online-Abstimmung über Logo, Flaschenform, Labelgestaltung, Art der Verpackung usw. abstimmen ließ. Um an der Abstimmung teilnehmen zu können, mussten sich interessierte Nutzer auf der Website registrieren lassen. Entlohnung gab es in Form von kostenlosem Bier auf der Launchparty. Außerdem wurde eine Mailingliste gestartet, die den Bekanntheitsgrad weiter erhöhte. Die Verkaufszahlen konnten von 2003 auf 2004 verdoppelt werden.[32]

1.3.2 Charakteristika

Im Unterschied zu den klassischen Marketingstrategien werden beim Viral Marketing keine Massenbotschaften verschickt, sondern Ziel ist es, die Kommunikation zwischen den Kunden anzuspornen. Bei der Massenkommunikation wird das Prinzip „One-to-Many" benutzt, die komplette Zielgruppe soll also durch ein einziges Kommunikationsmittel erreicht werden.[33] Im Gegensatz dazu steht das „Many-to-Many"-Prinzip, welches sich Viral Marketing zu Nutze macht. Hier wird die Werbebotschaft nicht zwingend vom Unternehmen direkt kommuniziert, sondern wird meist durch Mundpropaganda verteilt und gestreut. Der Empfänger wird zusätzlich zum Sender, der die Botschaft weiterverbreitet. Das Unternehmen stößt den Kommunikationsprozess lediglich an.[34] Es resultiert eine hohe Eigendynamik.[35]

Außerdem nutzt virales Marketing das natürliche Bedürfnis des Menschen, sich mitzuteilen. Dieses Verlangen wird durch gut aufgemachte virale Marketingkampagnen gestillt und verstärkt, indem die Kunden dazu angeregt werden, ihre Erfahrungen weiter zu erzählen.[36]

---

[32] vgl. SPINNER, Patrick: *Virales Marketing: Paradigmenwechsel oder weiterer Trend im Marketing?*: S. 48ff.
[33] vgl. KUTZBORSKI, Regina: *Guerilla Marketing und Virales Marketing*: S. 45.
[34] vgl. a.a.O.: S. 46.
[35] vgl. SCHOLL, Gerald: *Möglichkeiten und Probleme des Viral Marketing*: S. 10.
[36] vgl. RECKLIES, Dagmar: „Viral-Marketing." (online).

1.4 Geschichte des viralen Marketings

Der Term „virales Marketing" wurde erstmals 1989 in einem englischen Artikel im „PC User Magazin" verwendet. In diesem Artikel ging es um die Einführung des Apple Macintosh SE.[37]

Im US-amerikanischen Wirtschaftsmagazin „Fast Company" veröffentlichte Professor Jeffrey Rayport sieben Jahre später einen Artikel über eine neuartige Marketingstrategie, die er mit biologischen Viren verglich. In seinem Artikel erklärte er diesen Zusammenhang genauer: *„When it comes to getting a message out with little time, minimal budgets, and maximum effect, nothing on earth beats a virus."*[38] Rayport erkannte also schon früh und als einer der ersten, welchen Effekt eine Werbebotschaft haben kann, die sich epidemisch verbreitet und wie kostengünstig, schnell und hocheffektiv diese Marketingstrategie sein kann. Außerdem stellte er in seinem Artikel einige Regeln und Gesetze für eine erfolgreiche Durchführung auf.[39]

In den folgenden Jahren, besonders in Zeiten der Wirtschaftskrise[40], erlebte virales Marketing einen wahren Boom. Zum Aufstieg des Viral Marketing als immer öfter genutztes Marketingmittel im 21. Jahrhundert hat wesentlich das Internet beigetragen. Die Zahl der Internetnutzer hat sich von 2000 bis 2010 verfünffacht[41], virale Videos auf Portalen wie YouTube erreichen innerhalb kürzester Zeit Millionen. Des Weiteren hat das Kriterium des Kostenpunktes zum Boom von Viral Marketing beigesteuert. Während man in den herkömmlichen Medien Print, Rundfunk und Fernsehen für jeden einzelnen Leser, Hörer oder Zuschauer bezahlen muss, verbreitet sich eine virale Marketing Kampagne, nachdem sie lanciert wurde, im Idealfall von alleine und somit faktisch kostenlos für ein Unternehmen.[42]

1.5 Paradigmenwechsel oder Trend?

Bevor bestimmt werden kann, ob Viral Marketing Paradigmenwechsel oder Trend ist, müssen erst beide Begriffe definiert werden.

Ein Paradigmenwechsel bezeichnet ein grundlegendes Umdenken, das von langfristiger Dauer ist, wobei diese neue Meinung von der Mehrheit als herrschendes Dogma

---

[37] vgl. WORDSPY.COM: „Viral Marketing." (online).
[38] RAYPORT, Jeffrey: „The Virus of Marketing." (online).
[39] vgl. RAYPORT, Jeffrey: „The Virus of Marketing." (online).
[40] vgl. BRZOSKA, M.: „Kennste den schon?" (online).
[41] vgl. KOEPPEN, Maren: „Noch mehr Zahlen: Details zur Internetnutzung privat und geschäftlich." (online).
[42] vgl. HELING, Burkhard: *Virales Marketing als Instrument für KMU.* S. 4.

angesehen wird. Bei einem solchen Paradigmenwechsel werden demnach grundlegende Denkmuster und Lehrmeinungen in Frage gestellt.[43]

Ein Trend dagegen hält meist nur kurz- bis mittelfristig an und ist einem allgemeinen gesellschaftlichen Wandel geschuldet. Diese Anschauung kann von einer Minderheit oder Mehrheit vertreten werden, wenn letzterer Fall eintritt, kann aus einem Trend ein Paradigmenwechsel erfolgen, dies muss aber nicht zwingend der Fall sein.[44]

Viral Marketing kann, meiner Meinung nach, als Trend angesehen werden, ein Paradigmenwechsel ist aber noch längst nicht erfolgt. Weiterhin erreichen die konventionellen Werbemethoden gute Erfolgszahlen und werden reichlich genutzt. Außerdem erreichen die konventionellen Medien noch alle Generationen, während das Internet, wo Viral Marketing hauptsächlich verwendet wird, eher von jungen Menschen genutzt wird.[45] Die Möglichkeit eines Paradigmenwechsels bleibt aber, setzen doch immer mehr Unternehmen auf Viral Marketing oder ähnliche Strategien, die auf Mundpropaganda basieren. Diese Entwicklung muss in Zukunft beobachtet werden und kann zu diesem Zeitpunkt nicht klar abgesehen werden.

2 Ziele und Zielgruppen einer viralen Marketingkampagne

2.1 Ziele einer viralen Marketingkampagne

Grundlage einer jeden (viralen) Marketingkampagne sollte die Frage sein: „Wen und was möchte ich mit meiner Kampagne erreichen?". Vor dem Einsatz eines viralen Werbemittels müssen demnach auch das Ziel der Kampagne und die anvisierte Zielgruppe klar definiert werden. Primäres Ziel einer Viral Marketingkampagne ist die durch die Allgegenwärtigkeit der Werbung übersättigten Zielgruppen zu erreichen und dazu zu bewegen, Mund-zu-Mund-Propaganda zu betreiben und zu initiieren. Klargestellt werden sollte jedoch noch, dass es im Viralen Marketing nicht darum geht, die Menschen böswillig und unterschwellig zu manipulieren, sondern eine authentische Begeisterung auszulösen, die wiederrum zur Weiterempfehlung und -verbreitung des Produktes oder der Dienstleistung führen soll.[46]

Mittel- bis langfristig sollen daraus sollen hauptsächlich 4 Erträge resultieren:

---

[43] vgl. SPINNER, Patrick: *Virales Marketing: Paradigmenwechsel oder weiterer Trend im Marketing?*: S. 14.
[44] vgl. ebd.
[45] vgl. a.a.O.: S. 62.
[46] vgl. HERMANN, Frederik: *Virales Marketing*: S. 49.

- **Zuwachs der Markenbekanntheit:** Das primäre Ziel ist der Anstieg der Markenbekanntheit. Während sich der Nutzer mit der Kampagne beschäftigt, soll dieser sich mit dem Kampagnengut (unbewusst) auseinandersetzen und so eine langfristige Bindung zum Unternehmen aufbauen.[47]

- **Gewinnung von Kundendaten:** Das Anhäufen von Kundeninformationen ist das zweithäufigste Ziel. Dazu wird meist eine Hürde in den Empfehlungs- und Weiterleitungsprozess eingebaut, beispielsweise eine obligatorische Newsletter-Anmeldung.[48]

- **Verkaufsförderung eines bestimmten Produktes oder einer ganzen Produktpalette:** Während die Verkaufsförderung bei den meisten klassischen Marketingstrategien vorrangig ist, ist es bei viralen Marketingkampagnen ein eher untergeordnetes Ziel. Dies erreicht ein Unternehmen, wenn der Nutzer Gefallen am kostenlosen Produkt findet und anschließend eine erweiterte, kostenpflichtige Version in Anspruch nimmt, oder aber vom Kampagnengut so beeinflusst wurde, dass er sein Konsumverhalten ändert.[49]

- **Bildung oder Aufbesserung des Images:** Unternehmen, die ihr (negatives) Images ändern möchten, können auf virales Marketing zurückgreifen. Durch erfolgreiche Kampagnen kann das globale Meinungsbild der Konsumenten verändert werden.[50]

2.2 Der Weg zum Ziel

In den folgenden Abschnitten werden Punkte genannt, die eine virale Marketingkampagne auf ihrem Weg zum Ziel begleiten und ihren Erfolg maßgeblich beeinflussen.

2.2.1 Tipping Point

Die Theorie des „Tipping Points" ist eine von Malcolm Gladwell aufgestellte Hypothese, die durch mehrere experimentelle Untersuchungen gefestigt wird. Diese Theorie erklärt, wie und warum sich eine Botschaft verbreitet. Dieser „Tipping Point" wird als der Punkt definiert, an dem eine Schwelle, die kritische Masse erreicht wird. Gladwell vergleicht es

---

[47] vgl. LANGNER, Sascha: *Viral Marketing*: S. 59.
[48] vgl. ebd.
[49] vgl. ebd.
[50] vgl. STYROPORDIGITAL: „Viral Marketing" (online).

mit dem Sieden von Wasser - hier ist der Tipping Point der Moment, an dem die Flüssigkeit zu kochen beginnt.[51]

Wann eine virale Marketingkampagne beginnt epidemisch zu wirken, kann mit der Theorie des Tipping Points festgelegt werden. Hat ein Unternehmen diesen Punkt erreicht, verbreitet sich die Kampagne viral und ohne Zutun des Unternehmens. Wenn eine virale Marketingkampagne den Tipping Point nicht erreicht, versinkt sie in die Bedeutungslosigkeit und verschwindet schnell. Eine grundsätzliche Frage vor dem Start einer Viral Marketingkampagne muss also lauten: Ist meine Kampagne so interessant, dass sie ohne meine Intervention den Tipping Point möglichst schnell erreichen kann, somit verstreut wird und das Interesse von tunlichst vielen Menschen und potentiellen Neukunden weckt?

2.2.2 Small World Phenomenon / Kleine-Welt-Problem

Die Theorie des „Kleine-Welt-Problems" ist eine 1967 vom amerikanischen Psychologen Stanley Milgram aufgestellte Hypothese, die besagt, dass jeder jeden beliebigen Menschen auf der Erde um genau 5,5 (aufgerundet 6) Ecken kennt. Es sind demnach 5 bis 6 Einzelglieder in einer sozialen Kette nötig, um 2 Menschen auf der Welt zu verbinden. Sein Experiment lief wie folgt ab: Milgram bat 300 zufällig ausgewählte Versuchspersonen darum, eine festgelegte Zielperson zu kontaktieren. Der Clou: Diese Zielperson durfte nicht direkt angeschrieben werden - die Versuchsteilnehmer durften lediglich einen Bekannten anschreiben, der jene Person kennen könnte. Das Ergebnis: Es bedurfte lediglich sechs Zwischenstationen, bis die Sendungen ihre Zielperson erreichten. Milgrams Theorie stand, ist aber bis heute umstritten.[52] Diese Theorie hilft bei der Erklärung, wieso sich erfolgreiche virale Marketingkampagnen in derartigem Tempo verbreiten können. Besonders sogenannte „Meinungsführer", im Englischen „Broker-Hubs" genannt, können in sozialen Netzwerken maßgeblich den Erfolg einer Viral Marketingkampagne beeinflussen, indem sie die Verbreitung der Werbebotschaft fördern, so dass sie weltweit Konsumenten erreicht. Solche Meinungsführer sind Menschen, die eine hohe Zahl an sozialen Kontakten haben und dadurch, besonders online, sehr viele Personen gleichzeitig erreichen können.[53]

---

[51] vgl. GLADWELL, Malcolm: *Tipping Point*: S. 18ff.
[52] vgl. MOOG, Insa: „Du kennst mich um sechs Ecken." (online).
[53] vgl. BUHRMANN, Sebastian: *Viral Marketing*: S. 32.

3 Faktoren für erfolgreiches virales Marketing

Nur wer etwas bietet, worüber es zu Reden wert ist, hat eine Chance auf eine erfolgreiche Kampagne. Folgende Faktoren spielen dabei eine entscheidende Rolle:

Abb. 4: Faktoren für eine erfolgreiche Viral Marketingkampagne

3.1 Entertainment & Humor

Spaß, Unterhaltung und Humor sind wichtige Faktoren für eine erfolgreiche Durchführung des viralen Marketingprojekts. Es liegt in der Natur des Menschen, witzige oder unterhaltsame Geschichten in seinem Freundeskreis zu verbreiten. Es bereitet den Menschen mehr Vergnügen, über positive Dinge zu berichten, denn traurige Nachrichten zu verstreuen.[54] So leiten beispielsweise 78% aller Menschen E-Mails weiter, um ihre Mitmenschen mit dem Inhalt zum Lachen zu bringen.[55] Wichtig ist allerdings, die Gradwanderung zwischen unterhaltsam und makaber zu meistern, damit das Kampagnengut nicht als anstößig wahrgenommen wird.

---

[54] vgl. LANGNER, Sascha: *Viral Marketing*: S. 39.
[55] vgl. STYROPORDIGITAL: „Viral Marketing" (online).

3.2 Kreativität

Um ein interessantes Kampagnengut bieten zu können, bedarf es einer hohen Kreativität. Nur kreative Kampagnen wecken das Interesse des Konsumenten. Etwas Langweiliges, Kopiertes oder bereits Dagewesenes findet der Nutzer uninteressant und wird es daher weder weiterleiten noch in Erinnerung behalten.

3.3 Kostenlose Bereitstellung

Ein kostenpflichtiges Kampagnengut schreckt die Mehrzahl der User ab, eine virale Verbreitung wird nicht stattfinden. Gebührenpflichtige Kampagnengüter sind vergleichbar mit einem Filter, der den Großteil potentieller Konsumenten abschreckt. Nur die kostenlose Bereitstellung stellt sicher, dass genügend Menschen das Kampagnengut konsumieren und, bei Gefallen, verbreiten werden.[56]

3.4 Leichte Übertragbarkeit

Neben dem Unterhaltungswert ist die mühelose Weiterleitung ein wichtiger Erfolgsfaktor. Nur wenn es dem Kunden leicht fällt, die Botschaft zu verbreiten, hat er ein Interesse, diese weiterzuleiten. Großen Aufwand wird er dazu (freiwillig) nicht betreiben. Lange Downloadzeiten oder der langsame Aufbau einer Internetseite wird den Nutzer genauso abschrecken wie ein kompliziertes Kampagnengut, das zeitraubend zu erklären und verbreiten ist. Hier werden die Stärken des Internets deutlich, denn ein Link ist in nur wenigen Klicks kopiert und an seine Freunde versandt.[57]

3.5 Neu- und Einzigartigkeit

Geschichten, die der Nutzer bereits kennt, beeindrucken ihn wenig. Nur durch die Einmaligkeit der Kampagne kann gewährleistet werden, dass der Konsument das Kampagnengut uninteressant und langweilig findet. Dadurch kann ein Überraschungseffekt erzielt werden, der den Nutzer dazu anregt, vom Kampagnengut seinen sozialen Kontakten zu berichten. Ein unerwartet auftretendes Ereignis veranlasst die Konsumenten, mit anderen darüber zu reden und ihnen von der Neuigkeit zu erzählen.[58]

---

[56] vgl. LANGNER, Sascha: *Viral Marketing*: S. 44f.
[57] vgl. LANGNER, Sascha: *Viral Marketing*: S. 45..
[58] vgl. HELING, Burkhard: *Virales Marketing als Instrument für KMU*: S. 7.

3.6 Bemerkenswerte Nützlichkeit

Neben Unterhaltung und Spaß ist die Nützlichkeit einer Kampagnengutes oft von großer Bedeutung. Nicht alle viralen Kampagnen weisen einen hohen Unterhaltungswert oder eine besondere Kreativität auf, sondern sind von bedeutendem Nutzen für den User. Selbstverständlich hat auch eine unterhaltsame Kampagne seinen Nutzen, bringt sie uns doch zum Schmunzeln, mit bemerkenswerter Nützlichkeit sind aber solche Kampagnen gemeint, die keine unterhaltsamen Elemente aufweisen und trotzdem viral verbreitet werden.[59]

4 Virales Marketing im World Wide Web

4.1 Stärken des Internets

Virales Marketing ist grundsätzlich an kein spezifisches Medium gebunden. Virale Marketingkampagnen können sowohl online als auch offline lanciert werden. Das Internet als weltumfassendes, intensiv genutztes Netzwerk bietet mit einer wachsenden Anzahl an Teilnehmern und der Möglichkeit, alles Mögliche in Windeseile in der ganzen Welt zu verbreiten, allerdings die ideale Plattform für virales Marketing. Man kann also mit Fug und Recht behaupten, dass dem Medium Internet die Zukunft gehört. Das macht es auch für Marketingaktionen immer interessanter. Der Boom des World Wide Webs hat maßgeblich zum Erfolg der wirksamsten viralen Marketingkampagnen beigetragen.[60] Online-Applikationen wie E-Mails, Foren, Chat-Rooms oder Social-Media-Netzwerke wie Facebook oder Twitter dienen als ideale Katalysatoren des Mediums Internet für solche Kampagnen.[61] Auch die Entwicklung der Nutzerzahlen ist stetig steigend. Während zu Beginn des Jahrtausends das Internet von lediglich 360 Millionen Usern weltweit genutzt wurde, waren es Mitte 2012 bereits mehr als 2,4 Milliarden.[62]

---

[59] vgl. LANGNER, Sascha: *Viral Marketing*: S. 44f.
[60] vgl. HOHMANN, Alexander Josef: „Virales Marketing." (online).
[61] vgl. PROF. DR. KOLLMANN, Tobias: „Viral Marketing." (online).
[62] vgl. MINIWATTS MARKETING GROUP: „Internet World Usage." (online).

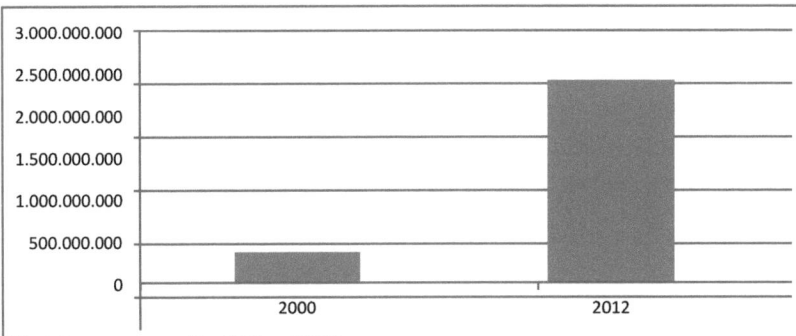

Abb. 5: Internetnutzerzahlen 2000 und 2012

4.2 Vergleich zwischen Viral Marketing on- und offline

KRITERIEN	OFFLINE	ONLINE
Expansion	langsam; kritische Masse wird erst nach längeren Zeiträumen erreicht	schnell; kritische Masse kann innerhalb kurzer Zeit erreicht werden
Verbreitungsart	überwiegend verbal; weniger visuell	überwiegend visuell; weniger verbal
Persönliche Anwesenheit	Grundvoraussetzung; situativ	kaum erforderlich; individuell vom Empfänger bestimmbar
Kontrolle über die Verbreitung	relativ niedrig; Ursprung beim Kunden; Modifikation beim Weitererzählen	relativ hoch; Ursprung beim Unternehmen; Modifikation durch Kunden kann eingeschränkt werden
Sozialer Einfluss	aufmerksamer Empfänger durch persönlichen Kontakt zwischen Sender - Rezipient	Empfänger ist nicht genötigt Aufmerksamkeit zu zollen; kaum Interaktion zwischen den Kommunikationspartnern
Anwendungsbereich	Reichweite nicht limitiert	auf Internetnutzer beschränkt
Multiplizierbarkeit von Botschaften	kann nur persönlich mitgeteilt werden; stark begrenzt	Nachricht ist kopierbar; weniger stark begrenzt

Abb. 6: Vergleich zwischen Viral Marketing off- und online.

4.3 Rolle der sozialen Netzwerke

Soziale Netzwerke können der ideale Ort zur Lancierung oder Promotion einer viralen Marketingkampagne sein. Dies hat mehrere Gründe: Zum einen ist das Kampagnengut (bei vorhandenem Internetzugang) ständig erreichbar, des Weiteren kann es mit wenigen Mausklicks per „Copy & Paste" von den Nutzern verbreitet werden. Ist ein Beitrag erst einmal „geteilt", wie es Facebook beispielsweise nennt, wird er von allen Freunden gesehen (sofern sie online sind). Bei jeder weiterer Teilung wird die Anzahl an Konsumenten größer und es stellt sich, im Idealfall, eine virale Kettenreaktion ein. Außerdem erhalten die Unternehmen über Nachrichten oder Umfragen innerhalb kürzester Zeit ein Feedback zur Kampagne. Dass eine Facebook-Fanseite aber auch zum Schauplatz von Kritikwellen werden kann, zeigen die regelmäßig auftretenden „Shitstorms" - Hier werden ganze Unternehmensseiten von verärgerten Nutzern mit Kritik zugemüllt. Das Unternehmen kann darauf nur bedingt reagieren und nicht viel mehr tun, als die Massen mit Gutscheincodes oder dem Versprechen der Besserung zu besänftigen. Solch einen Shitstorm erlebte ING/DiBa erst kürzlich, als ein Spot, in dem Basketballstar Dirk Nowitzki eine Fleischwurst isst, den Unmut vieler Vegetarier auf sich zog.[63] Die immense Anzahl an Mitgliedern bietet also sowohl Chance als auch Risiko.[64]

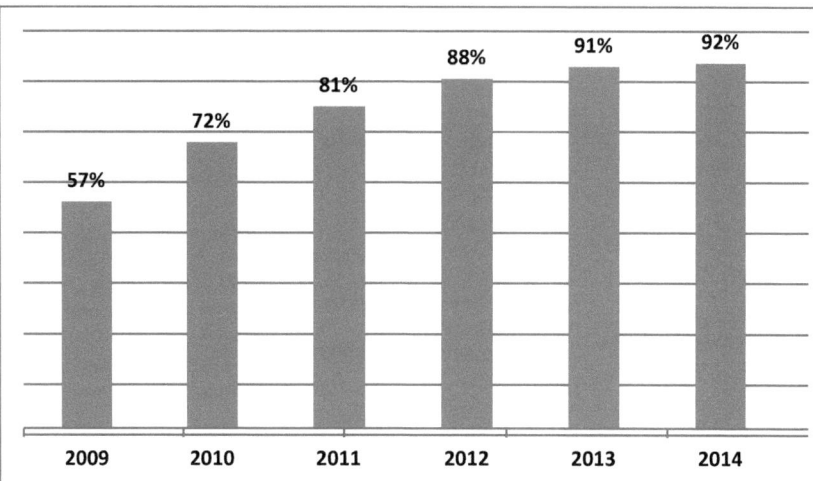

Abb. 7: Prozentsatz an US-Großunternehmen, die soziale Netzwerke heute und in Zukunft zu Marketing-zwecken nutzen.

---

[63] vgl. DOHMS, Heinz-Roger: „Wer den Spot hat, hat den Shitstorm." (online).
[64] vgl. ZORBACH, Thomas: „Shitstorms und Virales Marketing." (online).

4.4 Einfluss eines Unternehmens auf soziale Netzwerke

Anders als beispielsweise auf seiner Homepage kann das Unternehmen seine Facebookseite nur bedingt kontrollieren. Kommt es zu einem „Shitstorm", wird das Unternehmen darauf reagieren müssen, das Löschen aller negativen Kommentare und Beiträge ist nicht nur zeitaufwendig, sondern könnte das Image der Firma nachhaltig schaden. Ein gewissenhafter Umgang mit Facebook ist also unabdingbar.

Um einer Kampagne zu einer viralen Verbreitung und damit zum Erfolg zu verhelfen, kann es hilfreich sein, so genannte „Meinungsführer" oder Prominente, die viele soziale Kontakte (auf Facebook „Fans" oder „Freunde") besitzen, anzusprechen. Wenn diese Menschen die Kampagne unterstützen, führt dies oft zu einer Steigerung der Kampagnenbekanntheit.[65] Soziale Netzwerke können dem Unternehmen also helfen, die unter Punkt 2.1 aufgeführten Ziele zu erreichen, bergen aber auch Risiken und können dem Unternehmen Schaden zufügen.

5 Beispiele und Fallstudien

5.1 Evian und die Roller Babys

Der französische Mineralwasserhersteller „Evian" hatte 2009 ein Problem: Erstmals seit über einem Jahrzehnt waren die Verkaufszahlen rückläufig. Es bedurfte einer neuen Werbestrategie. Das Unternehmen entschied sich für Viral Marketing. Man gab ein Remake in Auftrag: 1998 hatte das französische Unternehmen erstmals mit einer „Baby-Kampagne" großen Erfolg gehabt, diesen Weg schlug man erneut ein. Mit Hilfe von modernster Technik wurden Spots gedreht, in denen Babys Rollschuh fahren, auf ihren Händen spazieren oder den Moonwalk tanzen. Der Aufwand war dabei für ein virales Video enorm: Konzipiert wurden die Spots in Frankreich, gedreht wurde in Melbourne und zusammengeschnitten wurde das Ganze in London von der Trickfilm-Firma „Moving Picture Company".[66]

Der Hauptspot, die „Evian Roller Babies", wurde zum Riesenerfolg im Web: Bis heute hat das Video über 62 Millionen Aufrufe, die Klickzahlen steigen kontinuierlich an.[67]

---

[65] vgl. LANGNER, Sascha: *Viral Marketing*: S. 82.
[66] vgl. PATALONG, Frank: „Virales Marketing: Die süße Macht der Web-Werbung." (online).
[67] vgl. EVIANBABIES: „Evian Roller Babies international version." (online).

Nach dem großen Erfolg im World Wide Web wurden die Spots schließlich auch weltweit im Fernsehen gezeigt.[68] Des Weiteren wurde die virale Kampagne in Nachrichtensendungen auf der ganzen Welt erwähnt, Zeitungen und Hörfunksender berichteten über die Internetsensation - kostenlose und effektive Werbung für Evian.

Abb. 8: Ausschnitt aus dem YouTube-Video „Evian Roller Babies".

Nachfolgend wird die Kampagne einer Merkmalanalyse unterzogen.

- Entertainment, Humor & Kreativität

Bei der Produktion des Videos wurde enorm viel Kreativität, Humor und Entertainment eingebracht. Der Zuseher fühlte sich unterhalten und hatte Spaß an dem Clip.

- Kostenlose Bereitstellung

Ein wichtiger Faktor war ebenfalls die kostenlose Verfügbarkeit des Kampagnenguts. Das Video war jederzeit und weltweit (sofern Internetzugang verfügbar) abrufbar, der Nutzer musste nichts bezahlen, um in den Genuss des Videos zu kommen.

- Leichte Übertragbarkeit

Die „Evian Roller Babies" konnten sowohl online als auch offline leicht verbreitet werden. Mundpropaganda im „Real Life" hat genauso zum Erfolg beigetragen wie die Streuung im „World Wide Web".

---

[68] vgl. PATALONG, Frank: „Virales Marketing: Die süße Macht der Web-Werbung." (online).

- Neu- und Einzigartigkeit

Auch wenn die Idee nicht ganz neu ist (Evian hatte bereits Ende der 90er Jahre Babys als Werbeobjekte genutzt), die Kombination aus Baby und Skater hatte es noch nicht gegeben. Die Neu- und Einzigartigkeit zeichnete die Kampagne aus.

- Bemerkenswerte Nützlichkeit

Die Kampagne brachte keinen direkten Nutzen für den Konsumenten, dieser Faktor hat keinen Anteil am Erfolg.

5.2 Red Bull Stratos - mit viel Budget zu riesigem Erfolg

RedBull Stratos war ein Projekt des österreichischen Energydrink-Herstellers Red Bull, dessen Planungen 2005 begannen.[69] Ziel der Mission war es, den Österreicher Felix Baumgartner, einen Extremsportler, mit Hilfe eines Heliumballons bis an den Rand des Weltalls in ca. 40 Kilometer Höhe zu befördern. Im nächsten Schritt der Mission würde dieser aus seiner Kapsel den freien Fall Richtung Erde wagen. Im Idealfall sollte Baumgartner der erste Mensch sein, der ohne technische Hilfsmittel die Schallmauer im freien Fall durchbricht und somit mehrere Rekorde brechen.[70]

Am 14. Oktober 2012, nachdem der Flug in der vorangegangenen Woche dreimal abgesagt worden war[71], gelang das waghalsige Unterfangen: Baumgartner sprang aus einer Höhe von 39 Kilometern ab und durchbrach die Schallmauer mit einer Spitzengeschwindigkeit von 1357,6 km/h, was einer 1,24 fachen Schallgeschwindigkeit entspricht.[72] Red Bull und Baumgartner schrieben Geschichte.

Abb. 9: Logo des Projekts

---

[69] vgl. REDBULLSTRATOS.COM: „Mission history." (online).
[70] vgl. REDBULLSTRATOS.COM: „What is the mission?" (online).
[71] vgl. BERLINER TAGESZEITUNG: „Baumgartner gelingt der Rekordsprung." (online).
[72] vgl. REDBULLSTRATOS.COM: „Aeronautical records." (online).

Aus kommerzieller Sicht war die Aktion ein voller Erfolg: Allein auf YouTube, der Online-Videoplattform, schalteten während des Rekordversuchs zeitgleich 8 Millionen Menschen ein - so viele Menschen hatten nie zuvor eine Live-Übertragung im Internet verfolgt.[73]

Über 33 Millionen Mal wurde das Highlightvideo bereits angesehen.[74]

Auch über die traditionellen Vertriebswege wurde das Ereignis ein voller Erfolg: Allein in Deutschland sahen den eigentlichen Sprung ca. 7 Millionen Menschen im TV,[75] 200 Fernsehsender weltweit berichteten über das Ereignis.[76]

Die Kosten des Projekts werden auf 25 Millionen Euro geschätzt.[77] Auch wenn dieser immense Kostenaufwand für eine virale Marketingkampagne sehr ungewöhnlich ist,

der Werbewert der Kampagne war ungleich höher: Tagelang beherrschte Felix Baumgartner die Tagespresse. Immer wieder zu sehen: das Red Bull Logo. Ob auf Baumgartners Anzug, der Kapsel oder den Helikoptern - Die 2 roten Bullen waren mehrere Tage lang in der weltweiten Medienlandschaft allgegenwärtig, unterstützt durch die sozialen Netzwerke. Der Werbewert wird auf 1 Milliarde € geschätzt. [78]

Abb. 10: Baumgartner mit dem atemberaubenden Blick auf unsere Erde, kurz vor seinem Sprung.

---

[73] vgl. DERSTANDARD.AT: „Felix Baumgartner bricht auch auf Youtube Rekorde." (online).
[74] vgl. RED BULL: „Felix Baumgartner's supersonic freefall from 128k' - Mission Highlights." (online).
[75] vgl. MANTEL, Uwe: „Baumgartners Rekordsprung wird zur Quoten-Sensation." (online).
[76] vgl. KASZA, Peter: „Best of Branded Entertainment 2012: Red Bull Stratos." (online).
[77] vgl. DISSELHOFF, Felix: „Red Bull Stratos, der geglückte Stotterstart." (online).
[78] vgl. KASZA, Peter: „Best of Branded Entertainment 2012: Red Bull Stratos." (online).

Im Folgenden wird das Projekt einer Merkmalanalyse unterworfen.

- Entertainment, Humor & Kreativität

Wichtige Faktoren, die zum Erfolg der Aktion beitrugen. Der Zuschauer fühlte sich unterhalten und eine hohe Kreativität wurde an den Tag gelegt.

- Kostenlose Bereitstellung

Ein ebenfalls essentieller Punkt war der kostenlose Zugang zum Video: Der Sprung Baumgartners wurde sowohl im frei empfangbaren Fernsehen als auch kostenlos im Internet zur Verfügung gestellt. Für den Nutzer entstanden zu keiner Zeit Kosten.

- Leichte Übertragbarkeit

Sowohl per Mundpropaganda im realen Leben als auch im Internet per „Copy & Paste" war es ein leichtes, die Videos zu streuen. Im „World Wide Web" genügte es, den Link an seine Freunde zu schicken. Im realen Leben ist diese einfache Übertragbarkeit ebenfalls gegeben.

- Neu- und Einzigartigkeit

Die wahrscheinlich wichtigsten Erfolgsfaktoren: Ein derartiges Projekt hatte es nie zuvor gegeben, und das kann als Grund dafür gesehen werden, dass es solche Zuschauermassen erreichte.

- Bemerkenswerte Nützlichkeit

Bei „Red Bull Stratos" ging es nicht um einen großen Nutzen für den Zuschauer, er erhielt keine Vorteile durch den Konsum.

5.3 Der Zauberlehrling

Als ich, Autor dieser Endarbeit, im Mai 2008 in der Sekundarschule den „Zauberlehrling" von J.W. Goethe auswendig lernen musste, fand ich dies mit der klassischen Methode des Lernens sehr trocken. Nach einer kurzen Recherche im Internet bin ich auch das Projekt „JDD - Junge Dichter und Denker" gestoßen, eine von Thomas D. unterstützte Gruppe, die klassische Gedichte neu in Rapform interpretiert und mit moderner Musik unterlegt. Es ist bestimmt schon jedem aufgefallen, dass man sich Liedtexte mit eingängiger Melodie viel leichter merken kann als Gedichte in Textform. Ich entdeckte eine Interpretation zum „Zauberlehrling", die mir beim Lernen sehr viel Zeit erspart hat. Damit ich diese Lernmethode der breiten Masse zur Verfügung stellen konnte, unterlegte ich das Lied mit dem Liedtext in Videoform und lud das Video am 02. Mai 2008 auf www.youtube.de hoch. Die Klickzahlen stiegen stetig, im November 2012 wurde die Millionenmarke der Anzahl Klicks durchbrochen.

Seit Mai 2012 wird das Video auch zum Geldverdienst genutzt: Während des Video sollen Anmerkungen den Nutzer dazu bewegen, die Beschreibung, die sich unterhalb des Videos befindet, zu lesen. Dort befinden sich Links zu Amazon.de, einem großen deutschen Onlineshop, wo man legal das Lied der Jungen Dichter und Denker sowie Zusatzmaterial für Lehrer bestellen kann. Bei jedem erfolgreichen Kauf, der über diese Links getätigt wird, erhalte ich ca. 5% des Kaufpreises. Eine detaillierte Statistik kann den Anlagen entnommen werden.

Der Grund, wieso das Video zum Erfolg wurde, liegt sicherlich in der Mundpropaganda, die der Clip auslöste: Schüler, die die Hauptzielgruppe darstellen, empfehlen das knapp 4 minütige Video ihren Freunden, Lehrern oder Mitschülern weiter und generieren so neue Zuschauer für das Video. Es wurde eine virale Verbreitung erreicht. Im Folgenden wird das Video anhand der im Punkt 3 genannten Faktoren für eine erfolgreiche Kampagne analysiert.

- Entertainment, Humor & Kreativität

Diese Elemente spielen keine tragende Rolle.

- Kostenlose Bereitstellung

Ein wichtiger Faktor ist der kostenlose Zugang zum Video: Dem Nutzer des Videos entstehen keine Kosten, erst wenn er mehrfach bestätigt, die CD der JDD kaufen zu wollen, muss er etwas zahlen.

- Leichte Übertragbarkeit

Sowohl on- als auch offline lässt sich das Video leicht verbreiten. Im „World Wide Web" reicht es aus, den Link an seine Freunde zu versenden. Im realen Leben ist diese einfache Übertragbarkeit ebenfalls gegeben, schließlich reicht es aus, bei der YouTube-Suche „Der Zauberlehrling" einzugeben - das Video erscheint als erstes Suchergebnis (Stand März 2013).

- Neu- und Einzigartigkeit

Eine weitere wichtige Eigenschaft. Zwar gab es vorher schon Videos, die den Soundtrack der Jungen Dichter und Denker enthielten, allerdings ohne die Lyrics, d.h. den Liedtext im

Video. Erst die Kombination aus Lied und Lyrics führte zum Erfolg, die Zuschauer honorierten diese Neuartigkeit durch hohe Klickzahlen.

- Bemerkenswerte Nützlichkeit

Der letzte Faktor ist auch gleichzeitig der bedeutendste beim „Zauberlehrling": Der Nutzwert des Videos ist außergewöhnlich: Seine Aufgabe ist es, das Auswendiglernen des Gedichts zu vereinfachen. Diese Nützlichkeit kann als Hauptfaktor dafür gesehen werden, dass das Video zu einem derartigen Erfolg wurde.

6 Chancen und Risiken

So verlockend die Chancen, die Viral Marketing verspricht, auch klingen, dabei dürfen nie die Risiken, die eine virale Kampagne mit sich bringt, außer Acht gelassen werden. Im Folgenden werden Risiken und Chancen näher erläutert.

6.1 Vorteile / Chancen einer viralen Marketingkampagne

- Virales Marketing ist kostengünstig: Indem der Verbraucher als Werbeträger genutzt wird und beispielsweise keine teuren Anzeigen oder Werbezeiten gebucht werden müssen, können die Kosten klein gehalten werden.[79] Somit wird auch kleinen Unternehmen die Chance gegeben, durch den Einsatz von wenig Budget einen hohen Werbeeffekt zu erzielen.

- Eine große Aufmerksamkeit kann erreicht werden: Erfolgreiche virale Marketingkampagnen werden immer wieder zum „Medienfutter": Fernsehstationen, Rundfunksender und Presse weltweit berichten über die Kampagne und generieren so kostenlose Werbung für das Unternehmen.[80]

- Unbegrenzte Reichweite: Zumindest die im Internet lancierten Kampagnen können eine riesige Zahl an Menschen erreichen. Während man bei den klassischen Werbestrategien wie Reklame im Fernsehen oder einer Zeitungsanzeige nur eine begrenzte Anzahl an potentiellen Käufern erreichen kann, ist es über Plattformen wie YouTube möglich, weltweit eine große Zahl an Menschen zu erfassen.

---

[79] vgl. HOLZAPFEL, Felix: „Guerilla Marketing." (online).
[80] vgl. FLEISCHANDERL, Thomas: „Virales Marketing im Überblick." (online).

- Da der Verbraucher durch die Fülle an Werbung, on- und offline, die meisten Werbebotschaften schnell vergisst, bedarf es neuer Strategien um den Konsumenten zu erreichen. Hier ist virales Marketing ein probates Mittel. Es bietet die Chance, Nutzer zu erreichen, die eigentlich übersättigt von Werbung sind und sie kategorisch vergessen und ignorieren. Die eingeschränkte Aufnahmebereitschaft der Verbraucher, ausgelöst durch die Werbeflut, kann wieder aktiviert werden.[81]

- Chance auf exponentielles Wachstum: Dadurch, dass sich virales Marketing Mundpropaganda zu Nutze macht und es somit instrumentalisiert wird, kann schnell eine große Masse an Menschen erreicht werden. [82]

- Zielgruppenspezifisch: Im Gegensatz zur Fernsehwerbung, wo Menschen jeden Alters und jeder Ausbildung zusehen, können virale Marketingkampagnen gezielt und somit zielgruppenausgerichtet platziert werden.[83]

6.2 Nachteile / Risiken einer viralen Marketingkampagne

- Kontrollverlust: Der große Nachteil einer viralen Marketingkampagne besteht darin, dass sie nicht ohne weiteres gestoppt werden kann - Kampagnen, die einmal im World Wide Web hochgeladen sind, können nicht ohne Weiteres gelöscht werden, auch nicht mit großem Aufwand. Es entsteht ein Kontrollverlust, eine negative Entwicklung der Kampagne kann folgen.[84]

- Die Marke/Werbebotschaft kann im Kampagnengut untergehen, der Nutzer beschäftigt sich zwar mit der Kampagne und seinem Inhalt, nicht aber mit dem Unternehmen oder dem beworbenen Produkt.[85] Ein bekanntes Beispiel ist die Moorhuhn-Kampagne, welche Ende der 90er Jahre große Wellen schlug. Das Computerspiel wurde kostenlos als Download zur Verfügung gestellt. Dass aber das Unternehmen „Johnny Walker" hinter der Kampagne steckte, wussten nur wenige.[86]

---

[81] vgl. SCHEUER, Sebastian: „Virales Marketing." (online).
[82] vgl. ebd.
[83] vgl. ebd.
[84] vgl. ebd.
[85] vgl. SCHNEIDER, Marcus R.: *Marketing Engineering*. S.154.
[86] vgl. LEONARDI, Jean-Manuel: *Viral Marketing im E-Business*: S. 79.

- Man kann vor dem Start einer Kampagne nie mit Sicherheit feststellen, ob sie ein Erfolg wird oder wie viele Nutzer erreicht werden. Genauso wenig kann sichergestellt werden, dass die Kritische Masse (siehe Punkt 2.2.1 Tipping Point) erreicht wird. Bei den klassischen Werbestrategien kann man hingegen im Vorhinein ziemlich genau festlegen, wie viele Verbraucher erreicht werden sollen.[87]

- Vergänglichkeit: Genauso schnell wie eine Kampagne zum Erfolg wird, genauso rasend schnell wird sie meist wieder vergessen. Trotzdem sind langfristige positive Folgen wie Imagegewinn oder neue Kunden möglich.[88]

- Erfolgsmessung: Im Gegensatz zu den traditionellen Werbestrategien lässt sich, vor allen Dingen im World Wide Web, der Verbreitungsgrad und der Zusammenhang zu gesteigerten/gesunkenen Verkaufszahlen bei viralen Marketingkampagnen nur bedingt feststellen.[89]

- Genauso schnell wie sich ein positives Image verbreiten kann, kann dies auch mit einem negativen geschehen. Virale Marketingkampagnen können negative Reaktionen auslösen, die Reaktion der Nutzer und der Medien kann nicht immer vorausgesehen werden. [90]

---

[87] vgl. SCHEUER, Sebastian: „Virales Marketing." (online).
[88] vgl. ebd.
[89] vgl. ebd.
[90] vgl. KUTZBORSKI, Regina: *Guerilla Marketing und Virales Marketing*: S. 94.

Schlusswort

Virales Marketing ist ein probates Mittel, die durch die klassischen Werbeformen übersättigten Nutzer zu erreichen und so, des Überflusses an Werbung zum Trotz, dazu zu bewegen, die Werbebotschaft zu verbreiten. In der heutigen Zeit, in der ein ständiger Informationsüberfluss herrscht, ist es von Nöten, aufzufallen und Aufsehen zu erregen, damit der Verbraucher die Werbebotschaft registriert. Bei einer viralen Marketingkampagne nutzt das Unternehmen dabei das natürliche Bedürfnis des Menschen, sich mitzuteilen, und die daraus im Idealfall resultierende Mundpropaganda als Marketinginstrument.

Welch unglaublichen Erfolg virale Marketingkampagnen erzielen können, haben Musterbeispiele wie die „Evian Roller Babys" oder „RedBull Stratos" gezeigt. Selbstverständlich kann der Erfolg einer Kampagne, die eine virale Ausbreitung anstrebt, genau wie der einer traditionellen Werbestrategie im Vorhinein nur abgeschätzt und nie garantiert werden. Sorgfältige Planung und die klare Zielsetzung vor dem Start einer solchen Kampagne sorgen allerdings dafür, dass das Risiko, einen Flop zu landen, auf ein Minimum reduziert wird.

Virales Marketing als, wie im Titel der Arbeit beschrieben, die Marketingstrategie des neuen Jahrhunderts zu bezeichnen, halte ich jedoch für übertrieben – es stellt in jedem Fall eine günstige Alternative zu den klassischen Methoden des Marketings dar. Eine genaue Bestimmung der Zahl der erreichten Konsumenten ist jedoch nie vor dem Start einer viralen Marketingkampagne möglich, während bei den klassischen Werbemethoden die Anzahl der Zuschauer oder –hörer genauer bestimmt werden kann. Virales Marketing ist also besonders für Unternehmer interessant, die neue Wege im Bereich des Marketings eingehen möchten, wohlwissend, dass der Erfolg alles andere als garantiert ist.

Literaturverzeichnis

Bücherquellen:

DÜWEKE, Esther (u.a.): *Erfolgreiche Websites. Suchmaschinen-Optimierung, Online-Marketing, Usability.* Bonn, Galileo Press: 2012.

EGLI, Norman: *Virales Marketing - Ohne Geld und mit Mundpropaganda zum Erfolg.* Norderstedt, Books on Demand: 2009.

GLADWELL, Malcolm: *Der Tipping Point. Wie kleine Dinge Großes bewirken können.* - 6. Auflage - München, Wilhelm Goldman Verlag: 2002.

HELING, Burkhard: *Virales Marketing als Instrument für KMU.* München, GRIN Verlag: 2009.

KREUTZER, Ralf: *Praxisorientiertes Dialog-Marketing.* Wiesbaden, GWV Fachverlage GmbH: 2009.

KUTZBORSKI, Regina: *Guerilla Marketing und Virales Marketing. Alternativen zur klassischen Werbung?* Hamburg, Diplomica-Verlag: 2007.

LANGNER, Sascha: *Viral Marketing. Wie Sie Mundpropaganda gezielt auslösen und Gewinn bringend nutzen.* - 3. Auflage - Wiesbaden, GWV Verlag: 2009.

LEONARDI, Jean-Manuel: *Viral Marketing im E-Business.* Hamburg, Diplomica-Verlag: 2008.

MICHEL, Stefan: *Marketingkonzept. Grundlagen mit zahlreichen Beispielen, Repetitionsfragen mit Lösungen und Glossar.* Zürich, Compendio: 2009.

OZOD-HAMAD, Mariam: *Virales Marketing – Gefahrenquelle oder Erfolgspotential?* Norderstedt, GRIN-Verlag: 2010.

SCHARF, Andreas (u.a.): *Marketing. Einführung in Theorie und Praxis.* - 4. Auflage - Stuttgart, Schäffer-Poeschel: 2009.

SCHNEIDER, Marcus R.: *Marketing Engineering. das Praxis-Handbuch für erfolgreiches IT-Marketing.* Berlin, Springer Verlag: 2003.

SCHOLL, Gerald: *Möglichkeiten und Probleme des Viral Marketing.* München, GRIN Verlag: 2010.

SCHWARZ, Torsten (u.a.): *Leitfaden Integrierte Kommunikation. Wie Web 2.0 das Marketing revolutioniert.* Waghäusel, Absolit: 2006.

SPINNER, Patrick: *Virales Marketing: Paradigmenwechsel oder weiterer Trend im Marketing?* Hamburg, Diplomica-Verlag: 2009.

Internetquellen:

BERLINER TAGESZEITUNG: „Baumgartner gelingt der Rekordsprung." URL: http://www.bz-berlin.de/aktuell/welt/baumgartner-gelingt-der-rekordsprung-article1562879.html [13.03.2013].

BIALEK, Catrin: „Mundpropaganda auf Bestellung." URL: http://www.handelsblatt.com/technologie/it-tk/it-internet/buzzmarketing-mundpropaganda-auf-bestellung-seite-2/2691374-2.html [12.04.2013].

BREITENBACH, Patrick (u.a.): „Guerilla Marketing." URL: http://www.guerilla-marketing-portal.de/?menuID=9 [12.04.2013].

BRZOSKA, M. (u.a.): „Virales Marketing - Kennste den schon?" URL: http://www.sueddeutsche.de/wirtschaft/virales-marketing-kennste-den-schon-1.18854 [17.10.2012].

BUHRMANN, Sebastian: *„Viral Marketing*. Grundlagen, theoretische Ansätze und empirische Studie zur Verdeutlichung des Wirkungsgrades." URL: http://books.google.de/books?id=glo4LW_zXnIC&printsec=frontcover&hl=de#v=onepage &q&f=true [12.01.2013].

DERSTANDARD.AT: „Felix Baumgartner bricht auch auf Youtube Rekorde." URL: http://derstandard.at/1350258310765/Felix-Baumgartner-bricht-auch-auf-Youtube-alle-Rekorde [12.04.2013].

DISSELHOFF, Felix: „Red Bull Stratos, der geglückte Stotterstart." URL: http://meedia.de/fernsehen/red-bull-stratos-der-geglueckte-misserfolg/2012/10/10.html [12.04.2013].

DOHMS, Heinz-Roger: „Wer den Spot hat, hat den Shitstorm." URL: http://www.ftd.de/unternehmen/finanzdienstleister/:werbung-wer-den-spot-hat-hat-den-shitstorm/60150757.html [12.01.2013].

EUGSTER, Jörg: „Blendtec." URL: http://wifimaku.com/online-marketing/mehr-kommunikation-dank-online-dialog-%26-mobile/social-media/social-media-marketing/beispiele-social-media-marketing/blendtec/ [18.12.2012].

EVIANBABIES: „Evian Roller Babies international version." URL: http://www.youtube.com/watch?v=XQcVllWpwGs [19.02.2013].

FLEISCHANDERL, Thomas: „Virales Marketing im Überblick." URL: http://www.online-marketing-blog.at/virales-marketing/virales-marketing-im-marketing-trend/ [12.04.2013].

HERMANN, Frederik: „Virales Marketing." URL: http://netzkobol.de/temp/diplomarbeit_virales_marketing.pdf [12.04.2013].

HOHMANN, Alexander Josef: „Virales Marketing." URL: http://www.christian-von-kamp.de/virales-Marketing.pdf [23.02.2013].

HOLZAPFEL, Felix: „Guerilla Marketing." URL: http://www.guerillamarketingbuch.com/ebook/ebook-guerilla-marketing-online-mobile-crossmedia.pdf [12.04.2013].

KASZA, Peter: „Best of Branded Entertainment 2012: Red Bull Stratos." URL: http://peterkasza.com/2013/01/red-bull-stratos/ [12.04.2013].

KOEPPEN, Maren: „Noch mehr Zahlen: Details zur Internetnutzung privat und geschäftlich." URL: http://markefit.com/2011/10/09/zahlen-internet/ [12.04.2013].

KOLLMANN, Tobias (u.a.): „Viral Marketing." URL: http://wirtschaftslexikon.gabler.de/Definition/viral-marketing.html [18.11.2012].

LANGNER, STEFAN: „Rezensionen, Buchtipps und Leserstimmen." URL: http://www.viral-marketing-buch.de/impressum.htm [18.11.2012].

MANTEL, Uwe: „Baumgartners Rekordsprung wird zur Quoten-Sensation." URL: http://www.dwdl.de/zahlenzentrale/37950/baumgartners_rekordsprung_wird_zur_quot ensensation/ [12.04.2013].

MINIWATTS MARKETING GROUP: „Internet World Usage." URL: http://www.internetworldstats.com/stats.htm [04.02.2013].

MOOG, Insa: „Du kennst mich um sechs Ecken." URL: http://www1.wdr.de/themen/archiv/sp_socialnetworks/kleinewelt_experiment100.html [12.04.2013].

OETTING, Martin: „Achtung Polemik: Unterschied Guerilla-Marketing und Viral Marketing." URL: http://www.connectedmarketing.de/cm/2005/04/achtung_polemik.html [18.10.2012].

OSUSKY, Linda: „Guerilla- und Virales Marketing fassen Fuß." URL: http://www.pressetext.com/news/20070119004 [12.04.2013].

PATALONG, Frank: „Virales Marketing: Die süße Macht der Web-Werbung." URL: http://www.spiegel.de/netzwelt/web/virales-marketing-die-suesse-macht-der-web-werbung-a-639187.html [13.04.2013].

RAYPORT, Jeffrey: „The Virus of Marketing." URL: http://www.fastcompany.com/27701/virus-marketing [12.04.2013].

RECKLIES, Dagmar: „Viral-Marketing." URL: http://www.managementportal.de/Ressources/Viral%20Marketing.htm [12.04.2013].

REDBULLSTRATOS.COM: „Aeronautical records." URL: http://www.redbullstratos.com/science/aeronautical-records/ [12.04.2013].

REDBULLSTRATOS.COM: „Felix Baumgartner's supersonic freefall from 128k' - Mission Highlights." URL: http://www.youtube.com/watch?v=FHtvDA0W34I [12.04.2013].

REDBULLSTRATOS.COM: „Mission history." URL: http://www.redbullstratos.com/the-mission/mission-history/ [13.03.2013].

REDBULLSTRATOS.COM: „What is the mission?" URL: http://www.redbullstratos.com/the-mission/what-is-the-mission/ [13.03.2013].

SCHEUER, Sebastian: „Virales Marketing." URL: http://de.slideshare.net/mediaplana/strategien-imviralenmarketingmediaplana [12.04.2013].

SKROB, John-Robert: „Viral Marketing." URL: http://t3n.de/magazin/viral-marketing-219169/ [12.04.2013].

STYROPORDIGITAL: „Viral Marketing" URL: http://www.e-businessakademie.de/veranstaltungen/eba221106/texte/styropor_digital.pdf [12.04.2013].

WORDSPY.COM: „Viral Marketing." URL : http://wordspy.com/words/viralmarketing.asp [12.04.2013].

ZORBACH, Thomas: „Shitstorms und Virales Marketing." URL: http://www.pfh.de/images/stories/pfh/pdf/marketingtag2012/thomas_zorbach-vm-people.pdf [31.03.2013].

Bildverzeichnis

Titelblatt: http://www.wpromote.com/blog/wp-content/uploads/2009/05/viral-marketing.jpg

Abb. 1: eigene Darstellung.

Abb. 2: eigene Darstellung.

Abb. 3: http://thinkguerrilla.files.wordpress.com/2010/05/rimmel-think-guerrilla-chris-baker.jpg

Abb. 4: eigene Darstellung, Faktoren entnommen aus: LANGNER, Sascha: *Viral Marketing. Wie Sie Mundpropaganda gezielt auslösen und Gewinn bringend nutzen.* - 3. Auflage - Wiesbaden, GWV Verlag: 2009.

Abb. 5: eigene Darstellung, Daten von http://www.internetworldstats.com/stats.htm

Abb. 6: eigene Darstellung anhand von: LANGNER, Sascha: *Viral Marketing. Wie Sie Mundpropaganda gezielt auslösen und Gewinn bringend nutzen.* - 3. Auflage - Wiesbaden, GWV Verlag: 2009. (Seite 33)

Abb. 7: eigene Darstellung, Daten entnommen von:
http://www.emarketer.com/Mobile/Article.aspx?R=1009273

Abb. 8: Screenshot von http://www.youtube.com/watch?v=XQcVllWpwGs

Abb. 9: http://shinesquad.files.wordpress.com/2012/10/red-bull-stratos-logo.jpg

Abb. 10: http://thesuperslice.com/wp-content/uploads/2012/10/Felix-Baumgartner-x-Red-Bull-Stratos-10.jpg